ERIK PIGANI

Das kleine Übungsheft

Zen in einer bewegten Welt

Aus dem Französischen von
Claudia Seele-Nyima

Illustrationen von Jean Augagneur

TRINITY

Erik Pigani ist Psychotherapeut, arbeitet aber auch als Journalist, Pianist und Komponist. Sein Spezialgebiet ist die Erforschung veränderter Bewusstseinszustände. Während eines langen Aufenthalts in den USA absolvierte er Ausbildungen in verschiedenen Techniken der Persönlichkeitsentwicklung und in transpersonaler Psychologie. Er ist Ressortchef beim *Psychologies Magazine* und Autor zahlreicher Bücher, u.a. über Zen-Meditation.

Die Originalausgabe ist erstmals 2013
bei Éditions Jouvence erschienen.
Titel der französischen Originalausgabe:
Petit cahier d'exercises
pour rester zen dans un monde agité

Chemin du Guillon 20, Case 184, CH-1233 Bernex
www.editions-jouvence.com
info@editions-jouvence.com

Umschlaggestaltung: Guter Punkt, München
Satz: Veronika Preisler, München
Druck und Bindung: Pustet, Regensburg
ISBN 978-3-95550-076-4

www.die-kleinen-uebungshefte.de

»Wenn du gehst, gehe.
Wenn du sitzt, sitze.«

Yunmen

Pragmatisch, griechisch pragmatikós, »handlungsbezogen« – das ist Zen: auf das konkrete Handeln im »wahren Leben« bezogen. Und mit zwei großen Prinzipien:

»Strebe vor allem nach Einfachheit.«
»Strebe stets danach, das Richtige zu tun.«

Zen hat also nichts mit einer abgehobenen Philosophie und noch weniger mit einer dogmatischen Religion zu tun.

»Zen« sein bzw. gelassen sein, das bedeutet vor allem, man selbst zu sein, im Einklang mit sich, und zwar in der Alltagsrealität – und das wiederum heißt »achtsam und im gegenwärtigen Augenblick«.

Es ist kein Geheimnis: Der ökologische, gesellschaftliche, politische und psychische Zustand unseres Planeten und seiner Bewohner droht in den kommenden Jahren immer desolater zu werden. Auch wenn die grundlegenden Prinzipien des Zen sich schon vor über tausend Jahren herausgebildet haben, sind sie dennoch aktueller denn je und werden es immer sein. Wenn Sie sich entsprechende Techniken aneignen und dieser Lebensart folgen, werden Sie nicht »im Trend« sein: Sie werden »da sein, wo Sie sein sollen«.

Ihre Zen-Skala

Kreisen Sie die Antwort ein, die am ehesten auf Sie zutrifft:

1. **Morgens nach dem Aufwachen:**
   A. Sie fragen sich, was Ihnen heute wohl passiert.
   B. Sie gönnen sich ein paar Minuten, bevor Sie aufstehen.
   C. Sie stürzen sich auf die Kaffeemaschine.
   D. Sie denken an das, was Sie nachts geträumt haben.

2. **Sie stecken im Stau fest:**
   A. Sie werden immer nervöser und stellen sich die Folgen der Verspätung vor.
   B. Sie toben und steigen aus dem Auto aus, um zu sehen, was vor sich geht.
   C. Sie warten in Ruhe ab und betrachten die anderen Autos.
   D. Sie schalten das Radio ein und hören eine Sendung.

3. **Sie möchten wieder zu sich selbst finden:**
   A. Sie putzen gründlich die Wohnung.
   B. Sie nehmen ein schönes Bad.
   C. Sie lesen ein gutes Buch.
   D. Sie machen einen Spaziergang in der Natur.

4. **Im Büro herrscht großer Stress, alle geraten in Panik …**
   A. Sie bleiben ruhig und tun das, was Sie zu tun haben.
   B. Sie verdoppeln Ihr Arbeitstempo.
   C. Sie versuchen, Ihr Bestes zu geben.
   D. Sie werden zunehmend nervöser, lassen sich aber von der Panik der anderen nicht anstecken.

5. **Ein Freund hat einen Riesenfehler begangen:**
   A. Sie ziehen so lange ein saures Gesicht, bis er/sie begreift, was er/sie getan hat.
   B. Sie rufen ihn an, um zu erklären, dass Sie wütend sind, und bitten ihn/sie, den Schaden wiedergutzumachen.
   C. Sie warten ab, bis Sie ihm das nächste Mal begegnen, um Ihren Zorn mitzuteilen.
   D. Sie rufen die Person an und stauchen sie ordentlich zusammen.

6. **Eine gute Fee erscheint und bietet Ihnen eine Fähigkeit an. Sie wählen …**
   A. die Fähigkeit zu heilen.
   B. telepathische Fähigkeiten.
   C. die Macht, die Zukunft vorherzusagen.
   D. die Fähigkeit, Blei in Gold zu verwandeln.

7. **Welchen der folgenden Aussprüche würden Sie übernehmen?**
   A. »Ein Edelstein wird ohne Reiben nicht blank, ein Mensch ohne Prüfungen nicht vollkommen.« (Konfuzius)
   B. »Lehrer öffnen dir die Tür, aber eintreten musst du selbst.« (Chinesische Weisheit)
   C. »Licht ist gut, egal wie die Lampe ist, von der es kommt.«
   D. »Das Leben ist teils das, was wir selbst daraus machen, und teils das, was die Freunde, die wir wählen, daraus machen.«

8. **Was ist Ihr größter Reichtum?**
   A. Meine menschlichen Fähigkeiten.
   B. Meine Familie.
   C. Meine beruflichen Kompetenzen.
   D. Das, was ich bin.

9. **Im Supermarkt geraten Sie an eine sehr langsame Kassiererin.**
   A. Sie klopfen auf Ihren Einkaufswagen und stoßen tiefe Seufzer aus.
   B. Sie stützen sich mit den Ellenbogen auf Ihrem Einkaufswagen ab und denken an etwas anderes.
   C. Sie setzen möglichst auffällig eine ungeduldige und entnervte Miene auf.
   D. Sie beobachten ruhig, was um Sie herum geschieht.

10. **Ihre Nachbarn feiern eine Party, die bis in die Nacht hinein andauert.**
   A. Sie rufen die Polizei.
   B. Sie klingeln an ihrer Tür, um sie zur Schnecke zu machen.
   C. Sie rufen sie an und bitten sie, den Lärmpegel ein bisschen zu dämpfen.
   D. Sie benutzen Ohropax-Ohrstöpsel.

11. Sie haben ein Vorstellungsgespräch:

A. Sie drehen ängstlich Kreise und warten darauf, dass Sie gerufen werden.

B. Sie entspannen sich und denken an gar nichts mehr.

C. Sie wiederholen innerlich, was Sie sagen wollen.

D. Sie versuchen, ruhig zu bleiben, indem Sie sich auf Ihren Atem konzentrieren.

12. In den Nachrichten wird verkündet, eine Umweltkatastrophe habe Tausende Opfer gefordert. Sie sagen sich:

A. Das kommt immer häufiger vor. Die Umweltschützer haben recht, uns zu warnen.

B. Wie schrecklich! Ich wüsste gar nicht, was ich täte, wenn ich einmal von so etwas betroffen wäre.

C. Die armen Menschen! Man muss wirklich mit dem Schlimmsten rechnen.

D. Schrecklich! Glücklicherweise wird das hier nie passieren.

13. Ihr Chef fragt Sie, was Sie bräuchten, um sich bei der Arbeit besser zu fühlen. Sie antworten:

A. Eine Neugestaltung meines Büros – praktischer, ansprechender und mehr nach den Prinzipien des Feng-Shui.

B. Einen Posten und Aufgaben, die meiner Persönlichkeit und meinen Kompetenzen besser entsprechen.

C. Mehr Achtung und Anerkennung, Gratifikationen in Form von finanziellen Zulagen.

D. Eine Gehaltserhöhung oder eine Gewinnbeteiligung. Oder beides …

14. Die Zeit vergeht immer schneller … Sie meinen:

A. Die Zeit bestimmt unser ganzes Leben.

B. Die Zeit ist unser Feind.

C. Die Zeit ist ein Mysterium.

D. Zeit spielt keine Rolle.

Kreisen Sie die Zahlen, die Ihren Antworten entsprechen, in der Tabelle ein:

	A	B	C	D
1	3	9	0	6
2	3	0	9	6
3	0	6	3	9
4	9	0	6	3
5	3	6	9	0
6	9	6	3	0
7	0	9	6	3
8	6	3	0	9
9	0	6	3	9
10	0	3	6	9
11	0	9	3	6
12	6	3	9	0
13	6	9	3	0
14	3	0	6	9

Zählen Sie Ihre Punkte zusammen ....

Und lesen Sie Ihr Profil auf der nächsten Seite:

»Welche Aufgabe Sie auch immer gerade erledigen, tun Sie es langsam, mit der Achtsamkeit, die ihr zukommt. Huschen Sie nicht eilig darüber hinweg, nur um schnell fertig zu werden. Seien Sie bei jeder Arbeit entspannt und richten Sie Ihre volle Aufmerksamkeit darauf.«

Thich Nhat Hanh

Sie haben 101 bis 126 Punkte

Zen-Meister

Der Zen-Geist ist Ihr tiefstes Wesen! Sie übernehmen die Prinzipien eines gesunden Lebens und es ist Ihnen sehr wichtig, dass Ihre Überzeugungen und Ihr Verhalten authentisch und konsequent miteinander im Einklang sind. Der Letzte, der erlebt hat, dass Sie in Zorn gerieten, erinnert sich bestimmt noch daran, so selten kommt es vor!
Schenken Sie dieses Heft jemandem, dem es von Nutzen ist …

Sie haben 76 bis 100 Punkte

Zen-Mönch

Sie fühlen sich der Philosophie des Zen verbunden. Offenbar können Sie Ihre Gefühle weitgehend kontrollieren, denn Sie haben einen Schritt unternommen, um sich persönlich weiterzuentwickeln, insbesondere in Bezug auf persönliche Werte, Kommunikation und menschliche Beziehungen, Spiritualität und alles, was den »natürlichen« Umgang mit der Gesundheit betrifft. Wenn Sie den Zustand eines »Meisters« erlangen wollen, sollten Sie täglich an sich arbeiten …

Sie haben 51 bis 75 Punkte

Zen-Lehrling

Zen interessiert Sie, doch Sie fragen sich manchmal, ob es eine Modeerscheinung oder eine wirkliche Notwendigkeit ist …
Da Sie eher altruistisch und auf das Wohl anderer bedacht sind, sorgen Sie sich vielleicht um die Zukunft Ihrer Angehörigen. Zudem meinen Sie, dass Zen-Gelassenheit allen nur guttun kann.
Und damit liegen Sie nicht falsch!
Regelmäßiges Arbeiten mit diesem Heft wird Sie auf den richtigen Weg bringen.

Sie haben 26 bis 50 Punkte

Zen-Anwärter

Da es Ihnen schwerfällt, Ihre Gefühle zu kontrollieren, kann schon ein Nichts Sie verärgern, eine Belastungsprobe Sie in Angst versetzen. Schwierige Situationen meiden Sie lieber und heiklen Fragen gehen Sie am liebsten aus dem Weg. »Reserviert« und »zurückhaltend« sein bedeutet aber nicht, gelassen – »zen« – zu sein. Sie werden großen Nutzen daraus ziehen, wenn Sie nicht nur regelmäßig an den Zen-Grundlagen arbeiten, sondern auch Ihre verborgenen Ressourcen entdecken und ausschöpfen: Davon haben Sie nämlich mehr als genug!

Sie haben 0 bis 25 Punkte

Zen? In einem anderen Leben!

Sie gehören der Familie der »Explosiven« an – bei der kleinsten Widrigkeit gehen Sie in die Luft. Sicher: Die Welt ist in einem schlechten Zustand. Das ist aber kein Grund, noch mehr Schlechtes hinzuzufügen. Wenn Sie dieses Heft in den Händen halten, dann wurde es Ihnen wahrscheinlich geschenkt. Zögern Sie nicht: Tauchen Sie kopfüber hinein und wiederholen Sie die Übungen. Mit der Zeit und etwas Geduld werden Sie eine neue Art zu sein entdecken – und vielleicht ein anderes Leben!

Meine Zen-Stufe:

Heute, am ....,

stehe ich hier:*

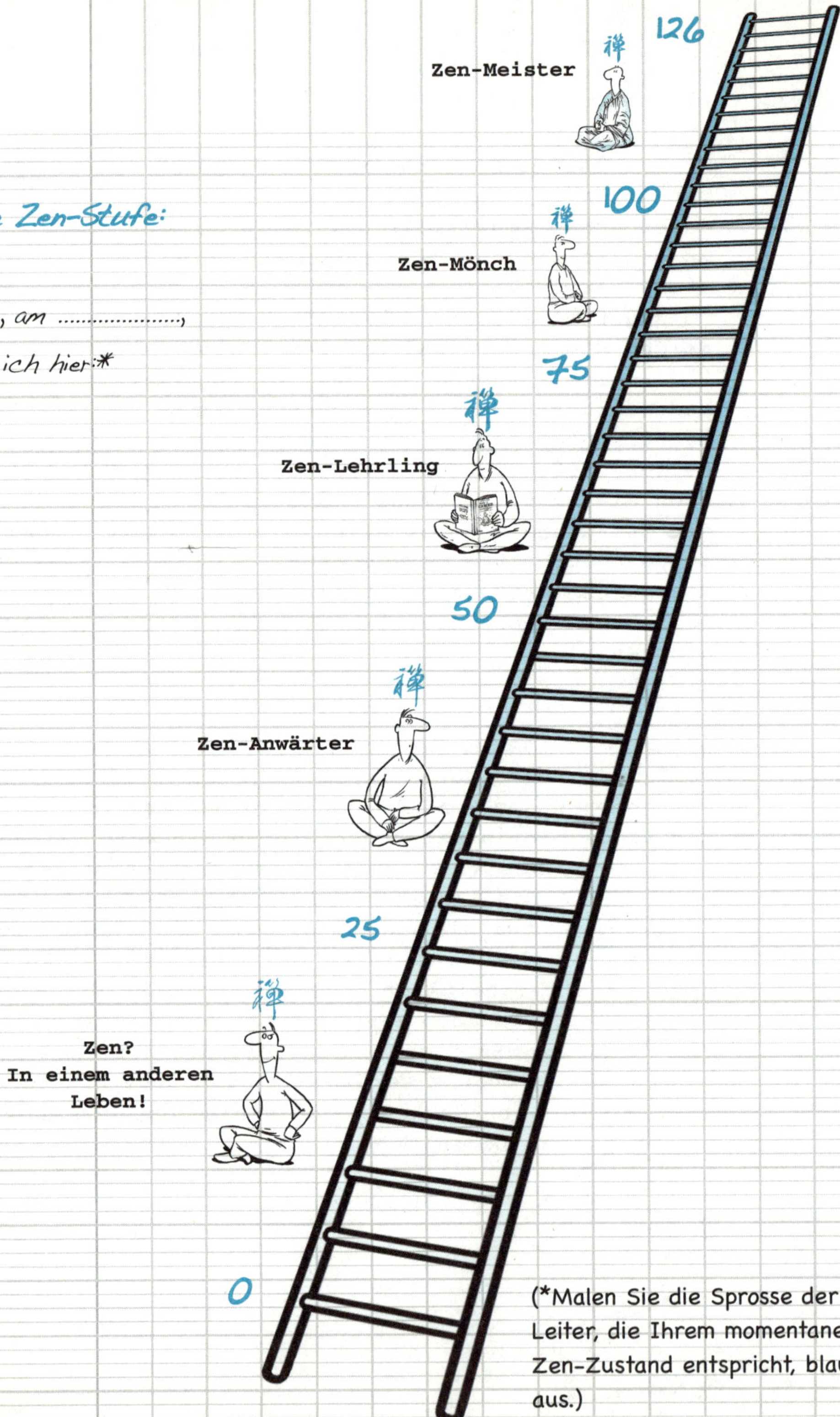

(*Malen Sie die Sprosse der Leiter, die Ihrem momentanen Zen-Zustand entspricht, blau aus.)

I. Gelassenheit lernen

Wollen Sie einen Beweis, dass Zen pragmatisch ist?
Gehen wir sofort in medias res: Weil es nicht jedem gegeben ist, körperlich und geistig ruhig und gelassen zu sein, hier vier Techniken, die Ihnen zunächst eine entsprechende Erfahrung ermöglichen und die Sie anschließend üben können:

Schneiden Sie ein Bild aus, das für Sie RUHE und GELASSENHEIT darstellt, und kleben Sie es hierhin:

Ein Bild der Ruhe

Die Honigtopftechnik

Einmal täglich Handlungen langsamer ausführen

Wählen Sie eine alltägliche Verrichtung, die Sie normalerweise schnell oder routinemäßig erledigen:

- **Tee zubereiten**
- **duschen**
- **sich die Zähne putzen**
- **Geschirr spülen**
- **Gemüse putzen**
- **Kleidung einräumen**
- **Papiere ordnen**
- **Pflanzen gießen**
- ....
- ....
- ....
- ....
- ....

(ergänzen Sie die Liste) ⇨

Meine Auswahl: ....

Wenn Sie »Ihre« Aktion aufgeschrieben haben, atmen Sie langsam und tief und verlangsamen Sie all Ihre Bewegungen bis zum Äußersten. Konzentrieren Sie sich auf Ihre Haltung, auf jede Geste, auf den Gegenstand, den Sie benutzen, auf die physische Empfindung bei der Berührung ...

Um noch langsamer zu werden, stellen Sie sich vor, Sie befänden sich in einem riesigen Honigtopf.
Durch diese Übung können Sie Ihr Tempo verringern und in wenigen Minuten Ihre innere Ruhe wiederherstellen – aber auch den gegenwärtigen Moment intensiv erleben und sehen, wie weit Sie sich selbst achtsam wahrnehmen.

Die Reistopftechnik

Üben Sie sich einmal wöchentlich in Geduld

Haben Sie sich schon einmal die Zeit genommen, Reiskörner zu zählen? Hier eine der bekanntesten Übungen, mit der Sie grenzenlose Geduld trainieren und Ihren Geist zur Ruhe bringen können:

Nehmen Sie zwei gleiche Gläser. Füllen Sie das erste bis zum Rand mit Reis. Füllen Sie dann einzeln nacheinander alle Reiskörner in das leere Glas um und zählen Sie sie dabei. Schreiben Sie das Ergebnis auf.* Wiederholen Sie den Vorgang anschließend in umgekehrter Richtung und prüfen Sie nach, ob die gleiche Anzahl dabei herauskommt.

Variante:

Nehmen Sie Buntstifte zur Hand und malen Sie jedes Reiskorn auf der folgenden Abbildung in einer anderen Farbe aus:

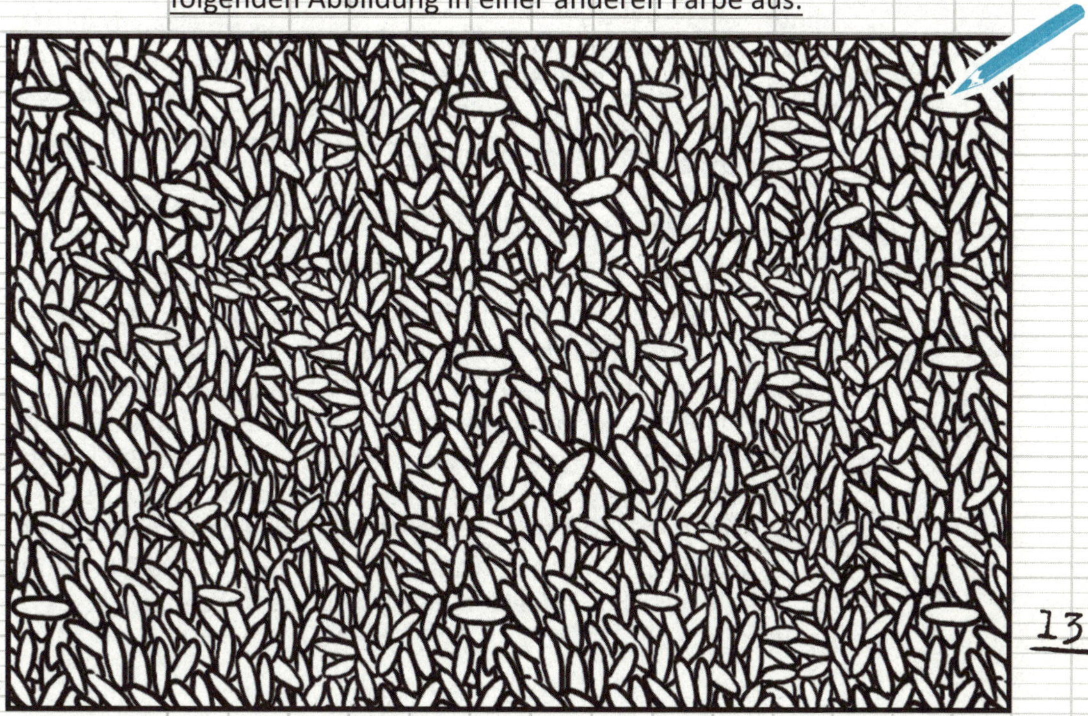

* Schimpfen Sie nicht: Wären Sie in China, würde von Ihnen verlangt, dass Sie jedes Reiskorn nummerieren – und zwar auf dem Reiskorn!

Die Eintopftechnik

Dreimal täglich achtsam essen.
Fangen Sie einstweilen mit einem Mal an.

Oryoki ist eine der ausgefeiltesten rituellen Praktiken, die Meister Dôgen je kreiert hat. Dankbarkeitsgebete vor dem Essen sprechen, auf die richtige Nahrungsmenge achten, auf eine achtsame Art essen und vom ersten bis zum letzten Krümel alles mit Freude und heiterer Gelassenheit zu sich nehmen – das ist eine Einstellung, von der wir heute, zu Zeiten von Fast-Food, Tiefkühl- und Schnellgerichten, sehr weit entfernt sind. Dennoch: Es geht hier nicht nur um einen heilsamen, gelassenen Zen-Lebensstil, sondern um die Gesundheit: Es dauert etwa zwanzig bis dreißig Minuten, bis bestimmte, für die Sättigung zuständige Verdauungshormone freigesetzt werden und eine Botschaft an das Gehirn senden, die das Sättigungsgefühl auslöst.

Probieren Sie ab jetzt bei Ihren Mahlzeiten, wie es ist, langsam, mit kleinen Bissen zu essen und diese zu kauen, als kosteten Sie das Gericht zum ersten Mal. Legen Sie hin und wieder Ihr Besteck hin. Schnappen Sie nicht mit vorgerecktem Kopf nach dem Bissen auf Ihrer Gabel, wie Enten vor ihrem Trog, sondern halten Sie Kopf und Rücken aufrecht und führen Sie die Gabel langsam und ruhig zum Mund. Essen Sie insgesamt ruhig – und richtig! Diese Zen-Einstellung ermöglicht es Ihnen nicht nur, Gelassenheit zu lernen, sondern auch, Signale leichter wahrzunehmen, die das Einsetzen der Sättigung anzeigen. Sie essen also weniger ...

Die Technik des leeren Topfs

Zwei Monate lang einmal wöchentlich auf die Stille hören. Dann einmal täglich.

Schalten Sie Fernseher, Radio, Computer, Telefon und Handy aus. Dämpfen Sie das Licht. Setzen Sie sich bequem hin, nicht steif, aber auch nicht schlaff, die Arme entspannt auf den Knien. Der Handrücken der linken Hand liegt in der rechten Hand und der Daumen der rechten Hand befindet sich auf der linken Handfläche. Lassen Sie die Hände locker. Schließen Sie die Augen, atmen Sie langsam und tief und richten Sie Ihren Geist auf die Empfindung des Daumens in der Handfläche aus. Lassen Sie dann in Ihrer Aufmerksamkeit wieder nach und lauschen Sie fünf Minuten der Stille.

Wenn Sie sich mit diesen fünf Minuten der Stille vertraut gemacht haben, können Sie zwei weitere Minuten über die folgende Frage meditieren:

Würden Sie sich die »Drei reinen Gebote« des Zen zu eigen machen?

1. Tu nichts Schlechtes.
2. Tu nur Gutes.
3. Sorge für das Wohlbefinden anderer.

II. Gebt Ruhe, Gefühle!

Die Meister des Zen-Buddhismus sind bekannt dafür, dass sie ihre Gefühle vollkommen im Griff haben. Das heißt weder, dass sie keine Gefühle hätten, noch, dass sie herzlos wären! Ihr Geheimnis? Sie vergleichen bisweilen Gefühle mit Feuer und Wasser: Ein beginnender Brand oder Wasser, das aus einem defekten Wasserhahn ausläuft, kann leicht unter Kontrolle gebracht werden, wenn man früh genug handelt und verhindert, dass das Ganze sich ausweitet und einen überwältigt. Wie? Versuchen Sie, sobald ein negatives Gefühl in Ihnen aufsteigt, zu verstehen, was es Ihnen sagen will, und lassen Sie es dann wieder gehen …

Alles schön und gut, aber wie denn nur?

Negative Gefühle

Zorn, Frustration, Verbitterung, Hass, Angst, Sorge, Ekel, Ungeduld, Wut, Traurigkeit, Neid, Eifersucht, Langeweile, Bitterkeit, Unzufriedenheit, Verärgerung, Schuldgefühle, Scham, Verachtung, Groll, Lampenfieber, Angst, Furcht, Verlegenheit, Enttäuschung, Reue …

Schreiben Sie mithilfe der Liste der 26 negativen Gefühle auf der linken Seite jene 14 Gefühle, die Sie am häufigsten empfinden, in der Reihenfolge ihrer Wichtigkeit für Sie auf:

Meine negativen Gefühle:

1.	8. ....
2.	9. ....
3.	10. ....
4.	11. ....
5.	12. ....
6.	13. ....
7.	14. ....

Der italienische Psychologe Roberto Assagioli, Begründer der Psychosynthese, hat Folgendes erklärt: Damit wir lernen, mit unseren Gefühlen umzugehen, können wir beginnen, alle »partiellen Identifikationen« zu eliminieren, die uns daran hindern, uns unserer selbst voll und ganz bewusst zu sein. Beispiele: Manche identifizieren sich mit ihrem Körper (sie »sind« ihr flacher Bauch, ihre Haare, ihr Look ...); andere mit ihrem Beruf (sie »sind« Lehrer, Händler ...); wieder andere mit ihren Gefühlen (sie »sind« depressiv, verliebt etc.). Um sich zu »des-identifizieren«, muss man also unterscheiden, was man *hat*, und manchmal, was man aus dem macht, was man *ist*.

Damit Sie nicht von einem Gefühl übermannt werden und »zen« bleiben – das heißt, sich Ihrer selbst bewusst –, beginnen Sie damit, dass Sie Ihre Gefühle identifizieren und entsprechend benennen:

Sagen Sie sich: »Ich empfinde Eifersucht.«

Sagen Sie nicht: »Ich bin eifersüchtig.«

Sagen Sie sich: »Ich empfinde Zorn.«

Sagen Sie nicht: »Ich bin zornig.«

Eine kleine Enttäuschung? Sagen Sie sich: »Ich empfinde Enttäuschung«.

Sagen Sie nicht: ....*

* Ergänzen Sie den Satz.

Versuchen Sie, sich an die größte Wut Ihres Lebens zu erinnern, an den Zorn, der Sie am meisten geprägt hat. Beschreiben Sie ihn so detailliert wie möglich: seine Ursache, was Sie empfanden, Ihren geistigen Zustand, Ihren körperlichen Zustand.

Der größte Zorn meines Lebens:

....

....

....

....

....

....

....

....

Beantworten Sie anschließend diese Frage:

»Wo ist dieser Zorn heute?«

....

Ebenso wie die Zen-Meister sagen auch Psychotherapeuten, die auf Emotionsforschung spezialisiert sind, dass negative Gefühle an sich nicht »schlecht« sind: Sie werden es nur dann, wenn man versucht, sie zu vergessen oder zu verdrängen, ohne ihren Nutzen und ihre Botschaft zu verstehen.

Etwas Nützliches, wirklich?

Beispiele:

- Zorn dient dazu, eine schädliche Situation zu verlassen/ bereinigen.
- Traurigkeit dient dazu, ein Kapitel abzuschließen und weiterzumachen.
- Angst dient dazu, vorsichtig zu sein.
- Besorgnis dient dazu, wachsam zu bleiben.
- ....

Nehmen Sie noch einmal die Liste der 14 negativen Gefühle zur Hand und finden Sie heraus, worin sie IHNEN jeweils nützlich sind:

1. .... dient mir dazu: ....
2. .... dient mir dazu: ....
3. .... dient mir dazu: ....
4. .... dient mir dazu: ....
5. .... dient mir dazu: ....
6. .... dient mir dazu: ....
7. .... dient mir dazu: ....
8. .... dient mir dazu: ....
9. .... dient mir dazu: ....
10. .... dient mir dazu: ....
11. .... dient mir dazu: ....
12. .... dient mir dazu: ....
13. .... dient mir dazu: ....
14. .... dient mir dazu: ....

Nächstes Mal, wenn Sie merken, dass ein negatives Gefühl in Ihnen aufsteigt, identifizieren Sie es, rufen Sie sich seinen Nutzen in Erinnerung und versuchen Sie, die Botschaft zu verstehen, die es Ihnen mitteilt. Sie werden sehen, dass es Sie dann nicht mehr überwältigen kann, sondern sich ganz von selbst wieder legt.

Grübeln Sie nicht:

Nicht verarbeitete negative Gefühle liegen einem im Magen! Erstellen Sie eine Liste aller Dinge, über denen Sie momentan »brüten«, eine Liste von allem, was in Ihnen ein dumpfes, permanentes Unbehagen hervorruft und Ihnen buchstäblich das Leben vergällt:

1. ....
2. ....
3. ....
4. ....
5. ....
6. ....
7. ....
8. ....

Gehen Sie nacheinander jedes Element durch und sagen Sie zehnmal **laut***:

»Ich brauche jetzt nicht mehr darüber nachzugrübeln, dass .... «

* Sie können mithilfe Ihrer Finger zählen.

»Verdauen« Sie es!

Negative Gefühle zu verarbeiten ist unerlässlich, um geistig unbeschwerter zu werden und gelassen zu bleiben.
*Listen Sie alles auf, was Sie in den **letzten drei Monaten** verärgert und verletzt hat, all Ihre Wut, die Sie nicht geäußert haben, Ihre ungelösten Konflikte:*

»Alles, was ich nicht ›verdaut‹ habe«:

1. ....
2. ....
3. ....
4. ....
5. ....
6. ....
7. ....

etc.

- **Nehmen Sie sich ein Blatt Papier.**
- **Greifen Sie jeden Punkt dieser Liste noch einmal auf, indem Sie so genau wie möglich aufschreiben, was Sie während des »Lebensereignisses«, das Sie nicht bewältigt haben, empfanden.**
- **Schließen Sie die Augen, visualisieren Sie jede Situation, versuchen Sie, das mit dieser Situation einhergehende Gefühl zu empfinden, indem Sie es benennen: »Ich habe .... empfunden.«**
- **Verbannen Sie dieses Gefühl aus Ihrem Inneren, indem Sie es mit den Händen* hinauswerfen.**

* Sie wissen nicht, wie das geht? Hier eine Kreativitätsübung: Versetzen Sie sich in den Pantomimen Marcel Marceau und stellen Sie sich vor, wie er das Hinauswerfen eines Gefühls mit den Händen ausdrücken würde …

Zen ... in einer immer turbulenteren Welt!

»Was ist das größte Geschenk, das du gerne einem Menschen machen würdest?«, **fragte einmal ein junger Mönch den Buddha.** *»Das Geschenk, frei von Angst zu sein«*, **antwortete der Buddha.**

Angst hat einen solchen Einfluss auf die menschliche Existenz, dass das Arbeiten an diesem Gefühl im Zen eine gesonderte Praxis ist. Natürlich sind hier nicht Phobien gemeint, die in den Bereich der Pathologie gehören, sondern es geht um die »gewöhnliche« Angst, die von der Psychologie zu den fünf Basisemotionen bzw. Grundgefühlen gerechnet wird: Angst, Begehren, Freude, Ekel, Zorn. So grundlegend Angst auch sein mag, nimmt sie doch, je nachdem, wie unser Alltag aussieht, jeweils tausend verschiedene Formen an – wobei sie offenbar »Glücksstrahlen« den Weg versperrt. Und schließlich hindern Ängste uns daran, das zu werden, was wir sind.

Die Angst zu versagen, allein zu sein, nicht geliebt zu werden, zu verschwinden (zu sterben, nicht anerkannt zu werden, auf sozialer Ebene nicht mehr zu bestehen, weil man arbeitslos ist ...) und die Angst vor der Umgebung (Angst vor anderen, vor neuen Situationen ...) gehören mit zu den häufigsten Ängsten.

Um alltägliche unterschwellige und mitunter irrationale Ängste zu überwinden, greifen Sie ruhig zu den berühmten »Bachblüten«. Gegen Angst helfen die Essenz der gefleckten Gauklerblume (*Mimulus*) und der Zitterpappel (*Aspen*).

Erstellen Sie eine Liste all Ihrer Ängste, der kleinen wie der großen, in der Reihenfolge ihrer Wichtigkeit für Sie. Seien Sie ehrlich mit sich selbst!

1. ....
2. ....
3. ....
4. ....
5. ....
6. ....
7. ....
8. ....
9. ....
10. ....
11. ....
12. ....
13. ....
14. ....

Kopieren Sie diese Liste und schreiben Sie neben jede Ihrer Ängste:

»Die Angst vor .... ist in mir,
aber ich bin nicht diese Angst.«

Bewahren Sie diese Liste gut auf. Sie wird Ihnen helfen, sich nicht mehr mit Ihren Ängsten zu identifizieren.

III. Gib Ruhe, Stress!

> *»Es ist nicht nötig, an die Vergangenheit, an die Zukunft zu denken. Denke einfach an den Moment dazwischen, der hier und jetzt ist.«*
>
> Meister Sosan

Gegen Ende der 1960er-Jahre haben die beiden Amerikaner Thomas H. Holmes und Richard H. Rahe die sogenannte **Social Readjustment Rating Scale** (SRRS) entwickelt, einen seitdem gut bekannten Test zum Messen des Stressniveaus.

Unterstreichen Sie alle Ereignisse, die Sie selbst im Lauf des vergangenen Jahres erlebt haben, und kreisen Sie die Punktzahl ein:

1. **Tod des Ehepartners: 100**
2. **Scheidung: 73**
3. **Trennung: 65**
4. **Haftstrafe: 63**
5. **Tod eines Angehörigen: 63**
6. **Unfall oder schwere Krankheit: 53**
7. **Heirat oder Beginn einer Beziehung: 50**
8. **Verlust des Arbeitsplatzes: 47**
9. **Versöhnung mit dem Ehepartner: 45**
10. **Pensionierung: 45**
11. **Gesundheitliche Probleme eines Familienmitglieds: 44**
12. **Schwangerschaft: 40**
13. **Sexuelle Schwierigkeiten: 39**
14. **Familienzuwachs: 39**
15. **Veränderung im Beruf: 39**

16. Änderung der finanziellen Situation: 38
17. Tod eines nahen Freundes: 37
18. Berufswechsel: 36
19. Zunahme von Auseinandersetzungen mit dem Partner: 35
20. Aufnahme einer hohen Hypothek oder eines Darlehens: 31
21. Kündigung einer Hypothek oder eines Darlehens: 30
22. Veränderung im beruflichen Verantwortungsbereich: 29
23. Kinder verlassen das Elternhaus: 29
24. Schwierigkeiten mit der angeheirateten Verwandtschaft: 29
25. Großer persönlicher Erfolg: 28
26. Anfang oder Ende der Berufstätigkeit des Ehepartners: 26
27. Aufnahme oder Abschluss eines Studiums: 26
28. Änderung des Lebensstandards: 25
29. Änderung der persönlichen Gewohnheiten: 24
30. Schwierigkeiten mit dem Vorgesetzten: 23
31. Änderung der Arbeitszeit und -bedingungen: 20
32. Umzug: 20
33. Schulwechsel: 20
34. Änderung der Freizeitgewohnheiten: 19
35. Änderung der ehrenamtlichen Gewohnheiten: 19
36. Änderungen der sozialen Aktivitäten: 18
37. Aufnahme eines Kredites oder einer Hypothek in geringerer Höhe: 17
38. Änderung der Schlafgewohnheiten: 16
39. Änderung der Häufigkeit familiärer Kontakte: 15
40. Änderung der Ernährungsgewohnheiten: 15
41. Urlaub oder Reisen: 13
42. Feiertage am Jahresende: 12
43. Geringfügige Gesetzesverstöße: 11

Zählen Sie Ihre Punkte zusammen:

Meine Gesamtpunktzahl: ....

- **Weniger als 150 Punkte:** Sie haben ein mäßiges Stressniveau. Ihr Risiko, krank zu werden, liegt bei ungefähr 30 Prozent.
- **Zwischen 150 und 300 Punkten:** Sie haben ein erhöhtes Stressniveau. Ihr Risiko, krank zu werden, liegt bei ungefähr 50 Prozent.
- **Mehr als 300 Punkte:** Sie haben ein sehr hohes Stressniveau. Ihr Risiko, krank zu werden, liegt bei ungefähr 80 Prozent.

Ein junger Mönch, der gerade im chinesischen Chan-Kloster der Linji-Schule angekommen war, wandte sich an den großen Meister Zhaozhou:

»Ich bin neu in diesem Kloster und bitte um eine Unterweisung.«
»Hast du deine Reissuppe gegessen?«
»Ja, die habe ich gegessen«, antwortete der Mönch.
»Dann geh und wasch deine Schale aus!«

Meine Stressskala

Listen Sie alle kleinen täglichen oder regelmäßigen Ereignisse auf, die Sie stressen (Schulprobleme der Kinder, Zahnarzttermin, Kochen, Einkaufen ...) und geben Sie jedem Ereignis einen Punktwert zwischen 1 und 100.

Diese Liste hilft Ihnen, stressauslösende Momente zu erkennen und entsprechend zu handeln.

1. .... : (......... Punkte)
2. .... : (......... Punkte)
3. .... : (......... Punkte)
4. .... : (......... Punkte)
5. .... : (......... Punkte)
6. .... : (......... Punkte)
7. .... : (......... Punkte)
8. .... : (......... Punkte)
9. .... : (......... Punkte)
10. .... : (......... Punkte)
11. .... : (......... Punkte)
12. .... : (......... Punkte)
13. .... : (......... Punkte)
14. .... : (......... Punkte)
15. .... : (......... Punkte)
16. .... : (......... Punkte)
17. .... : (......... Punkte)
18. .... : (......... Punkte)
19. .... : (......... Punkte)
20. .... : (......... Punkte)

Die Ruhe selbst sein: Anti-Stress-Übung 1

Tun Sie so, als ...

... wären Sie ruhig! Egal wie hoch Ihr Stresspegel ist – es genügt, dass Sie einen Ruhezustand simulieren, um in sich eine außergewöhnliche Entspannung hervorzurufen. Selbst wenn es Ihnen merkwürdig vorkommt: Spielen Sie einfach wie ein Schauspieler auf der Bühne die Rolle eines ruhigen Menschen. Bewegen Sie sich langsamer – nur ein bisschen; atmen Sie langsam – nur ein bisschen; lächeln Sie alle Leute an – nur ein bisschen; etc. In wenigen Minuten werden Sie wirklich ruhig sein.

Diese Technik funktioniert aus zwei Gründen gut. Der erste hat seinen Ursprung in der Psyche: Durch das Simulieren eines ruhigen Verhaltens vermitteln Sie Ihrem Unterbewusstsein den Eindruck, dass Sie alles in allem ein heiter-gelassener Mensch sind. Und unser Unterbewusstsein liebt es nun einmal, Rollen zu spielen! Es wird daher den Zustand beeinflussen, in dem wir in dem betreffenden Moment sind. Der zweite Grund fußt in der Physiologie: 1994 führten Forscher eines amerikanischen Labors eine Studie mit Schauspielern durch. Sie baten sie, verschiedene Emotionen darzustellen: Freude, Freundschaft, Zorn, Depression, Angst, Ruhe etc. Jedes Mal wurden die physiologischen Reaktionen der Darsteller gemessen (Puls, Atmung ...) und ihr Blut untersucht: Die Ergebnisse waren identisch mit denen, die bei echten Emotionen gemessen worden waren!

Die Ruhe selbst sein: Anti-Stress-Übung 2

Lächeln Sie …

… so oft wie möglich, selbst wenn Sie keine Lust dazu haben. Wenn Sie lächeln, aktivieren Sie 42 Gesichtsmuskeln, die elektrochemische Signale an das vegetative Nervensystem senden, das bestimmte Körperfunktionen reguliert, wie die Atmung, den Herzschlag, die Muskelspannung. Dieser Prozess setzt auch Endorphine, die berühmten »Glückshormone«, im Gehirn frei. Die Wirkung zeigt sich unmittelbar!

Kleben Sie in den nebenstehenden Rahmen ein Foto von sich, das Sie mit Ihrem breitesten Lächeln zeigt.

Das bin ich, wenn ich lächle.

Die Ruhe selbst sein: Anti-Stress-Übung 3

Gähnen Sie …

Gähnen ist eine ausgezeichnete Anti-Stress-Übung! So tun, als würde man gähnen, erzeugt automatisch physiologische Reflexe der Entspannung, die auch mit einem echten Gähnen einhergehen. Das Prinzip ist ganz einfach: Jedes Mal, wenn Sie merken, dass Ihre innere Anspannung steigt und Ihr Geist mit allem Möglichen belastet ist, öffnen Sie den Mund und gähnen Sie! Je ausgiebiger Sie gähnen, umso schneller sind Sie wieder körperlich entspannt und geistig einsatzbereit.

Ruhe ist ansteckend. Wenn alle um Sie herum geschäftig sind, dann seien Sie gleichzeitig heiter-gelassen und aufmerksam. Ruhen Sie achtsam in sich selbst und Sie werden das Ergebnis sofort sehen.

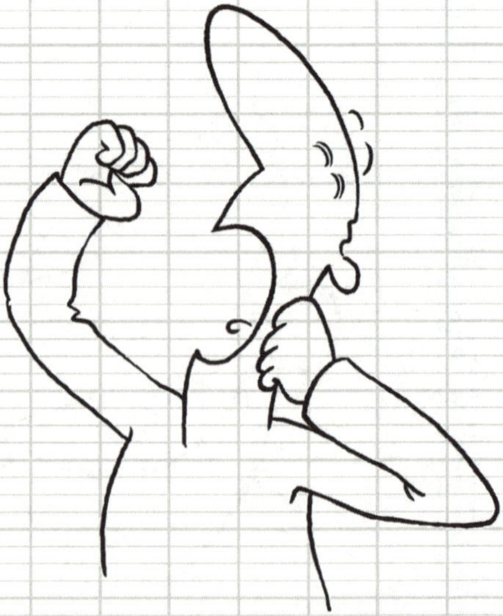

Die Ruhe selbst sein: Anti-Stress-Übung 4

Seien Sie … zen!

»Achtsamkeit im Hier und Jetzt« ist nicht nur der Zen-Zustand par excellence, sondern auch das beste Mittel gegen Stress.

Sobald Sie spüren, dass Ihr Stresspegel steigt, begleiten Sie geistig jeden Akt, den Sie ausführen:

Wenn Sie gehen,
sagen Sie sich innerlich: »Ich gehe«;
wenn Sie Frühstück machen,
sagen Sie sich innerlich: »Ich mache Frühstück«;
wenn Sie einen Teller einräumen,
sagen Sie sich innerlich: »Ich räume einen Teller ein«;
wenn Sie in Ihr Auto steigen,
sagen Sie sich innerlich: »Ich steige in mein Auto« …
… etc.

Zu leicht? Versuchen Sie es …

Pause ...

Drei tibetische Mönche haben sich zum Meditieren in eine Höhle zurückgezogen.
Nach zwei Jahren läuft ein schönes Wildpferd in die Höhle und verlässt sie sofort wieder.

...

Zwei Jahre später sagt der erste Mönch:
»Was für ein schönes weißes Pferd!«

...

Nach weiteren zwei Jahren sagt der zweite Mönch: »Es war doch gar nicht weiß, sondern grau!«

...

Noch zwei Jahre später sagt der dritte Mönch:
»Wenn ihr euch immer nur zankt, verschwinde ich lieber.«

»Wenn du die Wahrheit nicht findest, wo du gerade bist, wo sonst willst du sie finden?«

Dōgen

IV. Innere Ruhe wiedererlangen – 14 Übungen

Auf den folgenden Seiten finden Sie 14 kurze, ganz einfache körperliche Techniken, die Ihnen helfen, schnell wieder zur Ruhe zu kommen. Keine Sorge, es ist kein Sport! Es sind Übungen, die den Körper miteinbeziehen: Selbstmassage, Haltungen, Bewegungen, kontrolliertes Atmen ...

Probieren Sie sie nacheinander aus. Notieren Sie sorgfältig das Datum des jeweiligen Tests und schreiben Sie auf, bei welcher Gelegenheit Sie die Übung angewandt haben. Benoten Sie sie anschließend auf einer Skala von 1 bis 10 unter den folgenden Gesichtspunkten: War diese Technik unter den gegebenen Umständen wirksam? Ist diese Übung passend für mich? Mag ich diese Übung?

Die Übung mit der besten Note ist natürlich die, die für Sie auch am besten geeignet ist.

1. Sie spüren eine innere Anspannung:

- Runzeln Sie die Augenbrauen und heben Sie sie dann so hoch wie möglich. Wiederholen Sie dies, bis Sie das Gefühl haben, Ihre Stirn sei entspannt.
- Drücken Sie mit geschlossenem Mund leicht mit der Zunge gegen die oberen Schneidezähne, bis Ihr Kiefer sich entspannt. Lassen Sie den Unterkiefer locker und lächeln Sie.
- Pressen Sie die Lippen zusammen und lächeln Sie dann wieder. Zwei- bis dreimal wiederholen.
- Nehmen Sie die Empfindung beim Entspannen der Stirn, des Kiefers und der Gesichtsmuskeln bewusst wahr.

Diese Übung der Gesichtsentspannung ist auch sehr wirksam, wenn einem alles über den Kopf wächst.

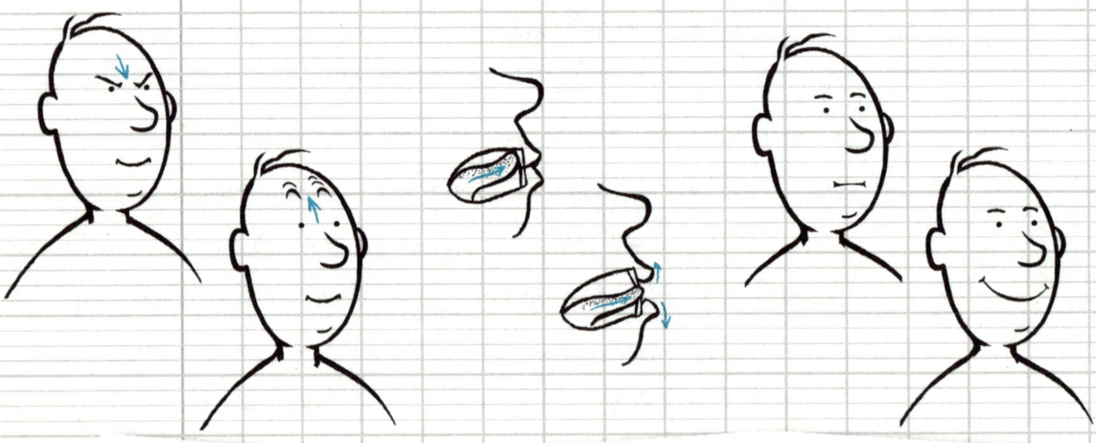

Ich habe diese Übung am .... gemacht, und zwar bei dieser Gelegenheit: ....
....
....
....

Diese Übung ist für mich geeignet: ..../10

2. Sie spüren, dass Spannung in der Luft liegt:

- Stellen Sie sich aufrecht hin, die Beine leicht auseinander. Die Arme hängen locker herab.
- Schieben Sie das Becken etwas nach vorne.
- Atmen Sie langsam und so tief wie möglich. Heben Sie dabei die Schultern in Richtung Ohren und ballen Sie die Fäuste. Strengen Sie sich nicht zu sehr an, erzwingen Sie nichts und lassen Sie die Arme locker hängen.
- Halten Sie fünf Sekunden den Atem an und lassen Sie ihn dann in einem Zug schnell ausströmen, während Sie Schultern und Fäuste entspannen.
- Wiederholen Sie diese Bewegung – anspannen und entspannen – insgesamt achtmal.

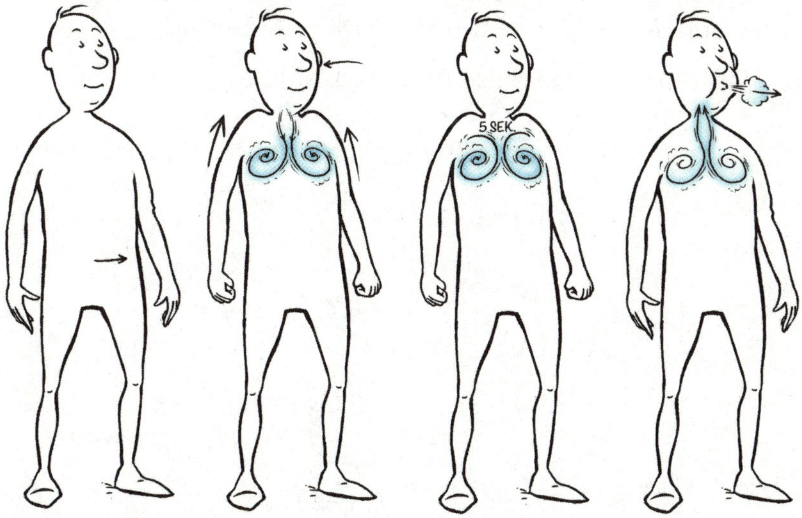

Ich habe diese Übung am .... gemacht, und zwar bei dieser Gelegenheit: ....
....
....
....

Diese Übung ist für mich geeignet: ..../10

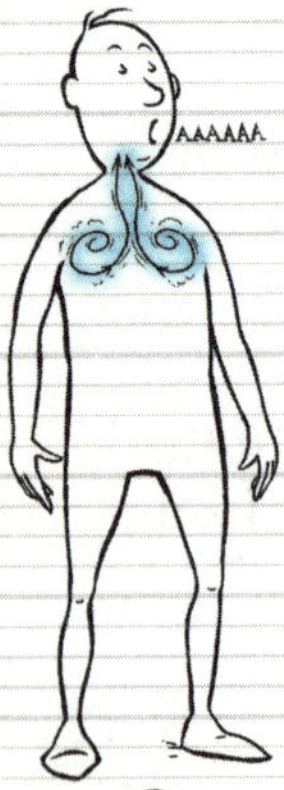

3. Sie fühlen sich hippelig und hektisch:

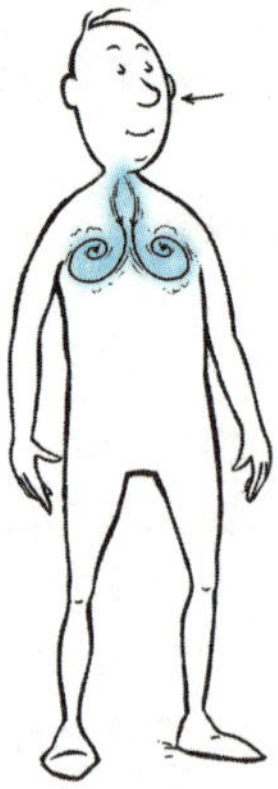

- Stimmarbeit ist eines der schnellsten Mittel, um ein vollständiges körperliches Wohlbefinden herzustellen.
- Sie stehen aufrecht, die Beine leicht auseinander, die Füße fest auf dem Boden, mit locker herabhängenden Armen. Schließen Sie die Augen. Beginnen Sie einen langsamen, tiefen, »zirkulären« Atemzug: Es soll keine Unterbrechung geben, weder zwischen dem Ein- und Ausatmen noch zwischen dem Aus- und Einatmen.
- Singen Sie beim Ausatmen ein »A«, in dem Ton, der für Sie am natürlichsten ist. Lassen Sie dabei den Unterkiefer ganz locker.
- Wenn Sie Ihren Ton gefunden haben, singen Sie bei jedem Ausatmen während der gesamten Dauer des Ausatmens jeweils die folgenden Silben: MA – MÖ – MI – MO – MÜ – ME – MU.

Wiederholen Sie diese Abfolge 10-mal.

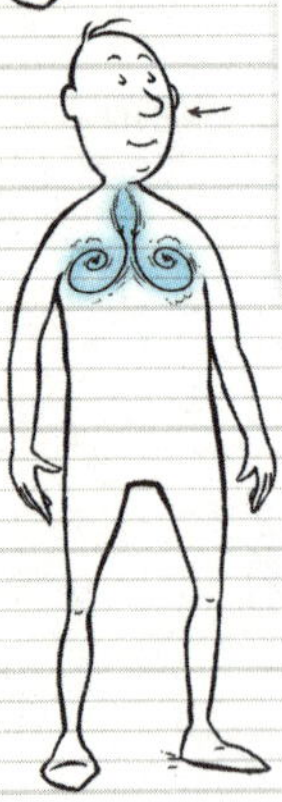

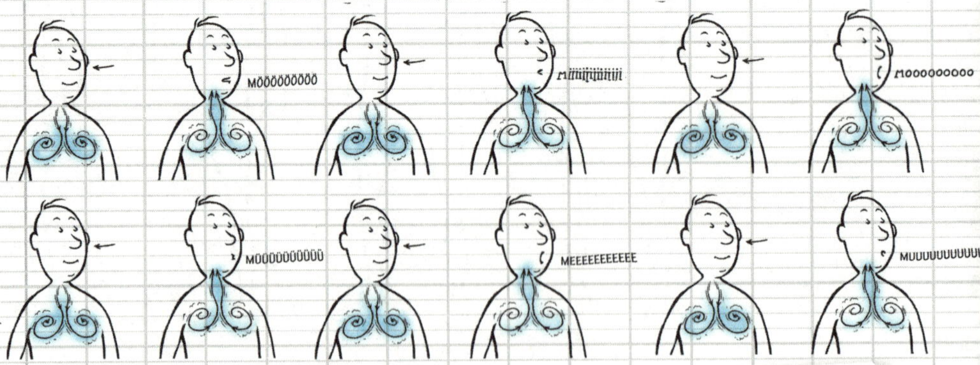

Ich habe diese Übung am .... gemacht, und zwar bei dieser Gelegenheit: ....

....

....

....

Diese Übung ist für mich geeignet: ..../10

4. Sie sind verkrampft:

- Stellen Sie sich aufrecht hin, die Beine leicht auseinander. Schließen Sie die Augen. Die Arme hängen locker herab, als wären sie »leer«.
- Stellen Sie sich vor, an jedem Handrücken sei ein Faden befestigt, der ganz langsam von einer höheren Macht gezogen würde, sodass Ihre Arme sich von allein heben. Lassen Sie sich Zeit: Imaginieren Sie! Sie spüren zunächst eine Art »Flattern« in Armen und Händen. Anschließend spüren Sie eine leichte, unwillkürliche Bewegung. Keine Angst! Ihre Arme werden sich 1 cm, 5 cm, 10 cm heben … wie viel, spielt keine Rolle. Ziel ist, die Erfahrung dieser sehr speziellen Empfindung zu machen.
- Lassen Sie die Arme wieder fallen. Öffnen Sie die Augen. Atmen Sie tief.

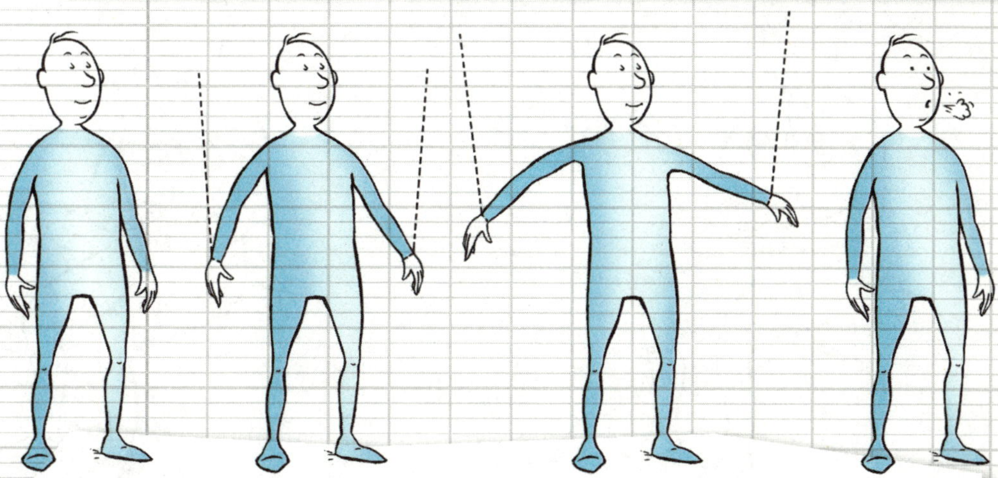

Ich habe diese Übung am .... gemacht, und zwar bei dieser Gelegenheit: ....
....
....
....

Diese Übung ist für mich geeignet: ..../10

5. Sie fühlen sich bedrückt:

- Setzen Sie sich bequem hin, den Rücken möglichst aufrecht, beide Füße stehen fest auf dem Boden.
- Legen Sie die Hände auf den Bauch, etwas unterhalb des Nabels.
- Atmen Sie langsam und tief durch die Nase ein. Dehnen Sie dabei den Bauch aus (als würde er sich bei jeder Einatmung ganz natürlich aufblähen).
- Atmen Sie durch den Mund aus und ziehen Sie dabei den Bauch wieder ein, indem Sie ihn leicht anspannen. Konzentrieren Sie sich auf diese Atembewegung. Selbst wenn sie Ihnen ungewohnt erscheint, ist es dennoch eine natürliche Bewegung.
- Wiederholen Sie diese Atmung zwanzigmal: Die entspannende Wirkung ist sofort zu spüren.

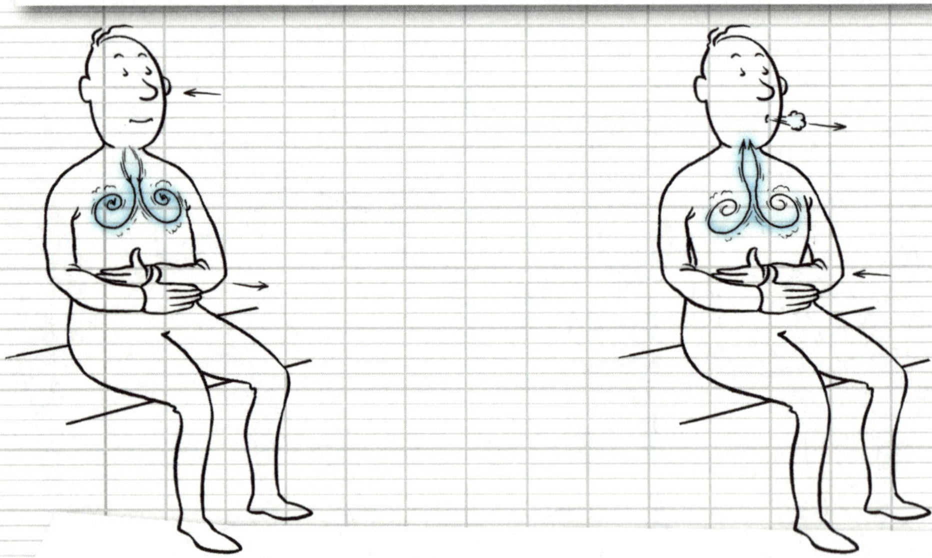

Ich habe diese Übung am .... gemacht, und zwar bei dieser Gelegenheit: ....
....
....
....

Diese Übung ist für mich geeignet: ..../10

6. Sie haben einen Knoten im Bauch:

- Stellen Sie sich aufrecht hin, die Füße fest auf dem Boden.
- Atmen Sie ein, indem Sie zunächst den Bauch und dann auch den Oberbauch ausdehnen, um die Milz zu mobilisieren.
- Halten Sie fünf Sekunden lang die Luft an. Blasen Sie dann langsam fünf Sekunden lang den Atem aus.
- Wiederholen Sie diese Abfolge achtmal.
- Um den Bauch zu entspannen, lassen Sie die Arme zunächst locker am Körper herabhängen; spreizen Sie sie dann ab, indem Sie leicht die Schultern anheben, damit der Brustkorb gestreckt wird.

Diese Übung ist ideal, um Milz und Magen von Angst und Stress zu entlasten, die sich angesammelt haben.

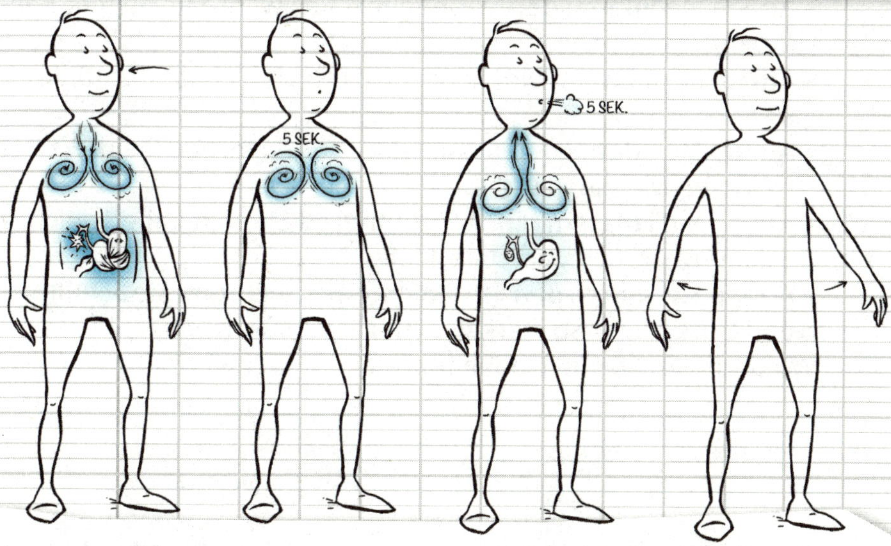

Ich habe diese Übung am .... gemacht, und zwar bei dieser Gelegenheit: ....

...

...

...

Diese Übung ist für mich geeignet: ..../10

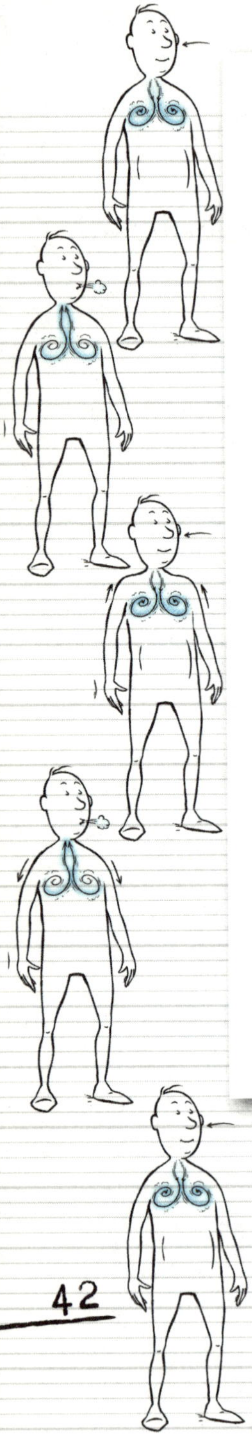

7. Sie sind gestresst:

Das »Atmen durch einen Strohhalm« ist in Japan eine bekannte Technik, um den Herzrhythmus zu regulieren, Anspannung zu senken, Stress zu bewältigen und negative Emotionen hinauszubefördern.

- Stehen Sie aufrecht, die Füße etwas auseinander, den Kopf gerade. Atmen Sie langsam durch die Nase ein, während der Bauch sich dabei ausdehnt.
- Atmen Sie langsam durch den Mund aus, *als würden Sie durch einen Strohhalm pusten.*
- Atmen Sie langsam durch die Nase ein. Konzentrieren Sie sich dabei auf die Schultern.
- Atmen Sie »durch den Strohhalm« aus, während Sie die Schultern lockern.
- Atmen Sie langsam ein. Konzentrieren Sie sich dabei auf Ihren Bauch.
- Atmen Sie »durch den Strohhalm« aus, während Sie den Bauch ganz lockern.
- Atmen Sie langsam ein. Konzentrieren Sie sich dabei auf Ihren Unterkiefer.
- Atmen Sie »durch den Strohhalm« aus, während Sie den Unterkiefer so locker wie möglich lassen.
- Atmen Sie langsam ein. Konzentrieren Sie sich dabei gleichzeitig auf Schultern, Bauch und Unterkiefer.
- Atmen Sie »durch den Strohhalm« aus, während Sie Schultern, Bauch und Unterkiefer so stark wie möglich lockern.

Wiederholen Sie die Übung fünfmal.

Ich habe diese Übung am .... gemacht, und zwar bei dieser Gelegenheit: ....

....

....

....

Diese Übung ist für mich geeignet: ..../10

8. Sie sind nervös:

Massieren Sie langsam Ihre Kopfhaut mit zehn Fingerspitzen. Beginnen Sie oben an der Stirn und wandern Sie bis zum Nacken. Atmen Sie während des Massierens tief ein und aus.
Zwei Minuten der Selbstmassage genügen, damit Sie sich allmählich besser fühlen. Wenden Sie diese ganz einfache Technik immer dann an, wenn Sie sich nervös, gestresst, unruhig … fühlen.

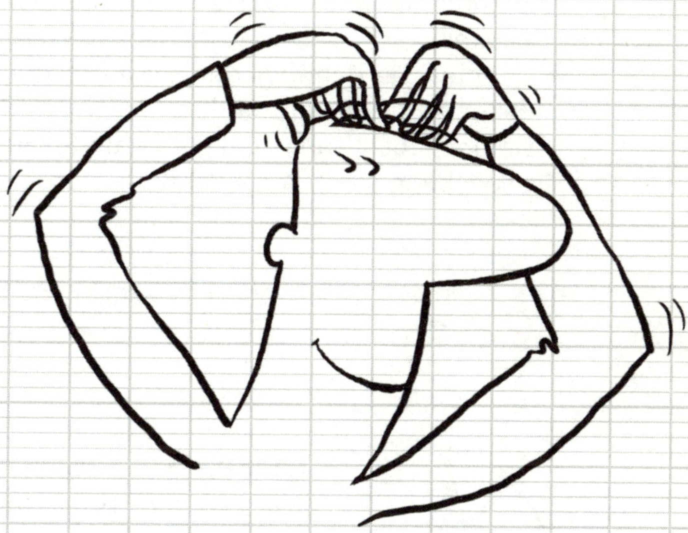

Ich habe diese Übung am .... gemacht, und zwar bei dieser Gelegenheit: ....
..
..
..

Diese Übung ist für mich geeignet: ..../10

9. Ihnen geht zu viel im Kopf herum:

- Stellen Sie sich aufrecht hin, mit nackten Füßen. Entspannen Sie sich und lassen Sie die Schultern hängen.
- Atmen Sie langsam mit geöffneten Augen und dehnen Sie dabei den Bauch aus.
- Neigen Sie den Körper leicht nach vorn, um Ihr gesamtes Gewicht auf die Fußspitzen zu verlagern. Kehren Sie wieder in die Ausgangsposition zurück.
- Neigen Sie Ihren Körper leicht nach hinten, um das Gewicht auf die Fersen zu verlagern.
- Wiederholen Sie diese Bewegung dreimal.
- Machen Sie die Übung noch einmal mit geschlossenen Augen. Anfangs könnten Sie dabei den Eindruck haben, etwas aus dem Gleichgewicht zu geraten.
- Nehmen Sie dann wieder die aufrechte, stabile Haltung ein, mit beiden Füßen fest auf dem Boden, und wiederholen Sie das Ganze, bis Sie das Gefühl haben, ruhig und gut im Boden verankert zu sein.

Diese Übung stellt den Kontakt zur Erde wieder her und lässt die Energie fließen.

Ich habe diese Übung am .... gemacht,
und zwar bei dieser Gelegenheit: ....
..
..
..

Diese Übung ist für mich geeignet: ..../10

10. Es fällt Ihnen schwer, sich zu konzentrieren:

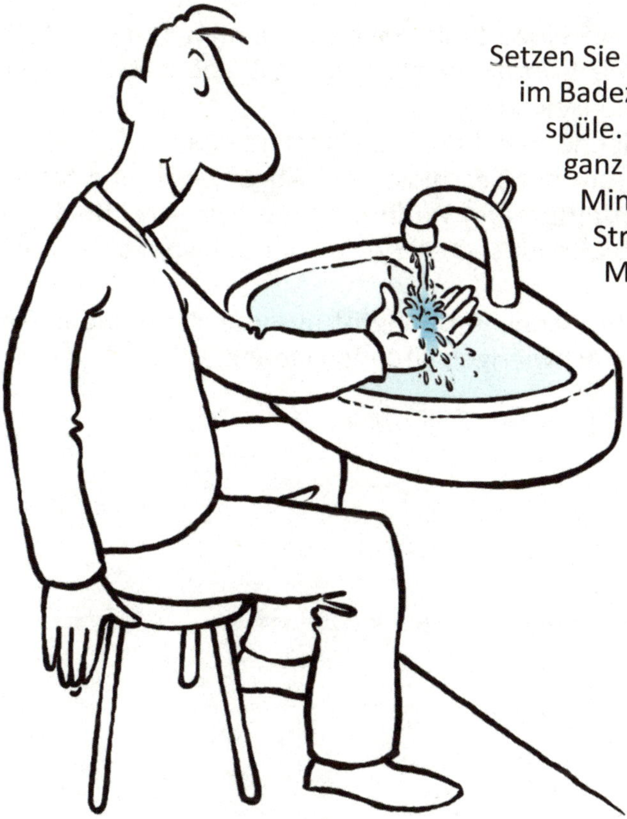

Setzen Sie sich vor das Waschbecken im Badezimmer oder vor die Küchenspüle. Öffnen Sie den Wasserhahn ganz wenig und lassen Sie zwei Minuten lang einen dünnen Strahl frisches Wasser in die Mitte Ihrer Handfläche laufen.

Ich habe diese Übung am .... gemacht, und zwar bei dieser Gelegenheit: ....
....
....
....

Diese Übung ist für mich geeignet: ..../10

11. Ihre Kehle ist wie zugeschnürt:

- Setzen Sie sich auf einen Stuhl, beide Füße stehen fest auf dem Boden. Beugen Sie sich nach vorn und legen Sie die Ellenbogen und die Unterarme auf den Oberschenkeln ab.
- Lassen Sie die Hände zwischen Ihren Knien hängen.
- Atmen Sie langsam mit geschlossenen Augen, während Sie sich auf die Empfindung konzentrieren, wie Ihre Stimmritze sich öffnet und schließt. Nach etwa einer Minute spüren Sie, wie Ihr Kehlkopf sich entkrampft und frei wird.

Diese sehr einfache, schnelle Übung ist ausgezeichnet, wenn Sie vor einer Prüfung oder einer schwierigen Situation stehen.

Ich habe diese Übung am .... gemacht, und zwar bei dieser Gelegenheit: ....

....

....

....

Diese Übung ist für mich geeignet: ..../10

12. Sie sind ängstlich:

- Legen Sie Ihre Hände am unteren Brustkorb, unterhalb der Brust, aneinander. Die beiden Mittelfinger sollen sich an den Spitzen berühren.
- Atmen Sie tief und langsam durch die Nase ein. Ihre Hände entfernen sich jetzt voneinander.
- Atmen Sie dann tief durch den Mund aus. Ihre Hände kehren wieder in die Ausgangsposition zurück.

Diese Übung, die den Organismus mit mehr Sauerstoff versorgt und Stress reduziert, bringt Sie in einer Minute in einen Zustand der Entspannung.

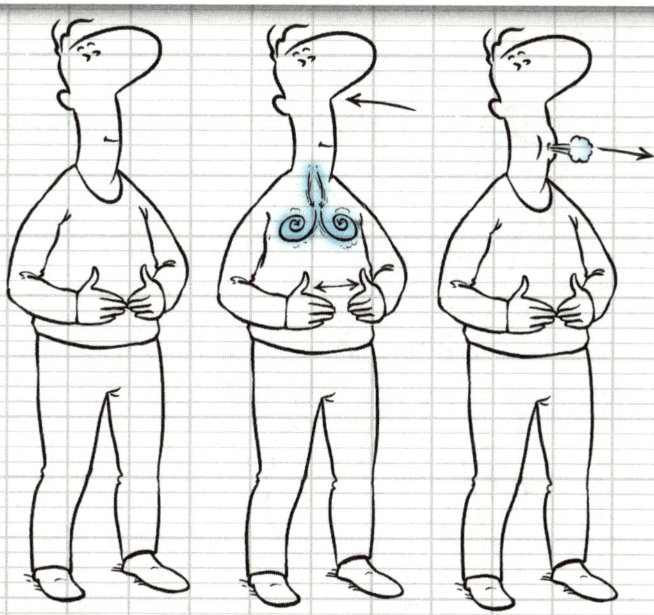

Ich habe diese Übung am .... gemacht, und zwar bei dieser Gelegenheit: ....

..

..

..

Diese Übung ist für mich geeignet: ..../10

13. Sie sind beunruhigt:

Wenden Sie die einfachste und schnellste Selbstmassage an: die Ohrmassage! Nach der Lehre von den Reflexen repräsentiert das Ohr den gesamten Körper.

- Halten Sie beide Ohren jeweils zwischen Daumen und Zeigefinger; der Daumen liegt an der Ohrrückseite, der Zeigefinger hält die äußere Ohrmuschel.
- Massieren Sie nach und nach die ganze Oberfläche der Ohren.
- Halten Sie die Ohrläppchen zwischen Daumen und Zeigefinger fest und ziehen Sie sie behutsam lang.
- Legen Sie beide Hände flach über die Ohren und machen Sie kleine, kreisförmige Bewegungen.

Durch diese Übung können Sie innere Ruhe finden und sogar so manchen Kopfschmerz lindern.

Ich habe diese Übung am .... gemacht, und zwar bei dieser Gelegenheit: ....
....
....
....

Diese Übung ist für mich geeignet: ..../10

14. Sie stehen am Rande des Nervenzusammenbruchs:

- Tauchen Sie ein kleines Handtuch in warmes (aber nicht zu warmes!) Wasser. Wringen Sie es aus.
- Legen Sie sich hin. Schließen Sie die Augen und breiten Sie das Handtuch über Ihr Gesicht.
- Legen Sie Ihre Hände seitlich an die Hüfte.
- Atmen Sie ganz langsam und tief; konzentrieren Sie sich dabei auf Ihr Zwerchfell. Denken Sie an nichts anderes als an Ihren Atem: Hören Sie sich beim Atmen zu …

Machen Sie diese Übung so lange, bis das Handtuch abgekühlt ist.

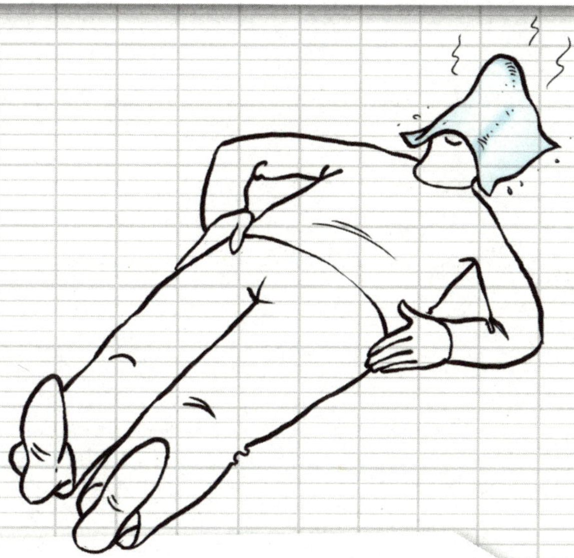

Ich habe diese Übung am .... gemacht, und zwar bei dieser Gelegenheit: ....
....
....
....

Diese Übung ist für mich geeignet: ..../10

Ihre Lieblingsübung

Sie haben die 14 Übungen ausprobiert und bewertet.
Schreiben Sie diejenige auf, die am besten für Sie geeignet ist oder die Sie am liebsten mögen:

Meine Lieblingsübung, um zur Ruhe zu kommen, ist Nr. ....
Sie ist bei folgenden Gelegenheiten hilfreich:

1. ....

2. ....

3. ....

4. ....

5. ....

6. ....

7. ....

Bonusübung!

Warten Sie einen Tag ab, an dem Sie sich *wirklich* ruhig fühlen und innerlich präsent sind, um sich mit der folgenden Übung vertraut zu machen:

- Atmen Sie langsam und tief und berühren Sie die Spitze des linken Daumens mit dem Zeigefinger der rechten Hand. Sagen Sie sich dabei innerlich:

»Ich empfinde Ruhe.
Ich bin Ruhe.«

Halten Sie fünf Sekunden lang die Luft an und atmen Sie fünf Sekunden aus.

- Beginnen Sie erneut, indem Sie diesmal die Spitze des linken Zeigefingers mit dem Zeigefinger der rechten Hand berühren.
- Machen Sie die Übung nun mit dem Mittelfinger,
- dann mit dem Ringfinger.
- und dann mit dem kleinen Finger.

Machen Sie diese Übung von nun an jedes Mal, wenn Sie merken, dass Ihr Stresspegel steigt. Denken Sie dabei an diesen ruhigen Zustand und sagen Sie sich innerlich:

»Ich empfinde Ruhe.
Ich bin Ruhe.«

Eine Zen-Geschichte

Vor langer Zeit besuchte einmal ein großer Gelehrter einen Zen-Meister, um sich über dessen Lebensphilosophie zu informieren. Die beiden unterhielten sich und der Meister lud den Gelehrten ein, gemeinsam eine Schale Tee zu trinken. Als der Meister die kleine Teezeremonie beendet hatte, bot er dem Gelehrten eine Schale an und begann, heißes Wasser einzugießen – und goss immer weiter, bis das Wasser überlief, immer weiter und weiter … Der Besucher war fassungslos und rief: »Meister, die Schale ist doch schon voll! Es geht nichts mehr hinein!« Der Meister hörte sofort auf zu gießen und sagte: »Ihr seid wie diese Schale, angefüllt mit Euren eigenen Ansichten und Spekulationen. Wie kann ich Euch den Zen zeigen, wenn Ihr nicht vorher Eure Schale geleert habt?«

V. Die Zen-Haltung

Fünf-Minuten-Meditation:

Kein Zen-Leben ohne Meditation! Doch die echte Zen-Meditation, Zazen (vom japanischen za: »sitzen« und zen: »Meditation«), ist für Anfänger körperlich anstrengend. Hier eine Technik, bei der Sie nicht eine Stunde lang in unbequemer Haltung den Geist leeren müssen – für eine erste Annäherung genügen fünf Minuten täglich. Aber möglichst nicht nach einer Mahlzeit!

Die positive Wirkung des Meditierens wurde in hunderten wissenschaftlichen Experimente bewiesen: Meditation ermöglicht uns, die eigenen Gefühle besser zu kontrollieren und folglich stressresistenter zu sein. Durch sie können wir allmählich unseren Willen besser kontrollieren und uns besser konzentrieren; somit werden wir ruhiger. Die Studien zeigen auch, dass tägliches Meditieren außergewöhnliche gesundheitliche Effekte hat: Es senkt Bluthochdruck und den Cholesterinspiegel, verringert chronische Schmerzen und Angst, hilft beim Kampf gegen Drogenabhängigkeit und beeinflusst das Immunsystem positiv. Darum ist bei Meditierenden die Zahl der Arztbesuche um 44 Prozent, die der Herz-Kreislauf-Erkrankungen um 87 Prozent und die der Infektionskrankheiten um 30 Prozent niedriger als bei Nichtmeditierenden …

(Mehr darüber erfahren Sie z. B. bei Jon Kabat-Zinn, *Im Alltag Ruhe finden.* Knaur TB, München 2010)

Meditationsübung

- Setzen Sie sich auf einen Stuhl, ohne sich anzulehnen, die Wirbelsäule ist aufrecht.

- Lassen Sie die Schultern locker fallen und legen Sie die Hände auf die Knie; die Handflächen sind nach oben gewandt. Schließen Sie die Augen.

- Atmen Sie langsam, tief und regelmäßig:
  Zählen Sie beim Ein- und Ausatmen jeweils innerlich bis 6.
- Halten Sie nach einer Minute zwischen jedem Ein- und Ausatmen die Luft an, während Sie folgendermaßen zählen:
  8 Sekunden einatmen;
  4 Sekunden die Luft anhalten;
  8 Sekunden ausatmen;
  4 Sekunden die Luft anhalten.

- Fahren Sie auf diese Weise 2 Minuten lang fort.

- Atmen Sie im selben Rhythmus weiter und konzentrieren Sie sich nacheinander auf alle Teile des Körpers, als würden Sie Ihren Geist auf die Stelle projizieren, die Sie entspannen wollen. Zuerst die Zehen, dann die Füße, Waden, Knie, Oberschenkel …

- Bewegen Sie sich auf diese Weise ganz langsam am Körper aufwärts. Visualisieren Sie dabei ein blaues Licht, das Sie sanft einhüllt.

- Am Scheitel angekommen, öffnen Sie leicht die Augen. Richten Sie den Blick auf einen Punkt vor Ihnen, ohne ihn jedoch wirklich anzusehen.

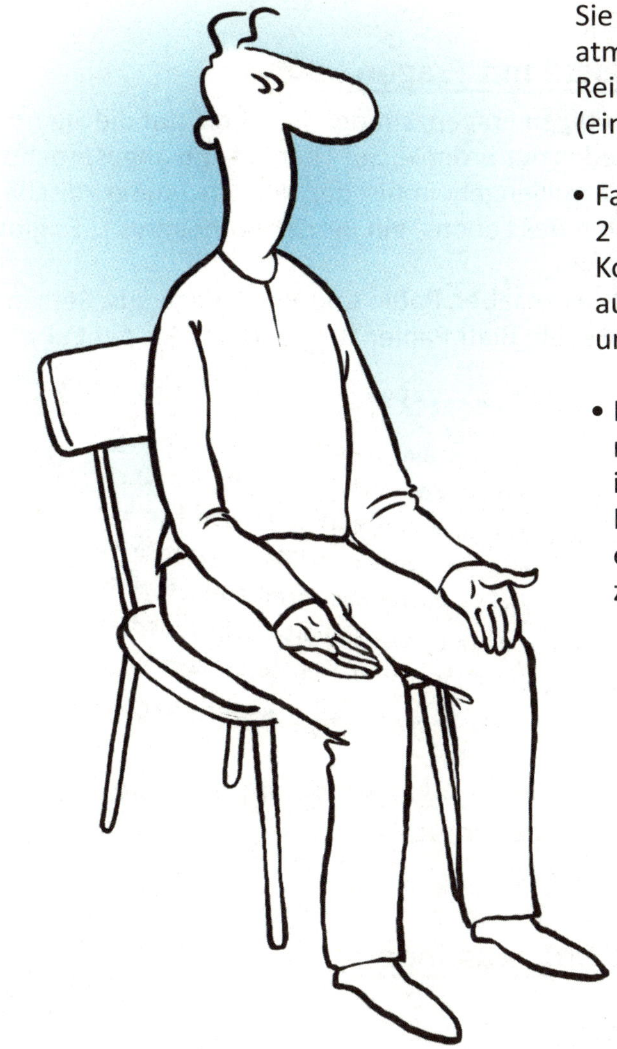

- Atmen Sie ein und sprechen Sie halblaut bei jeder Ausatmung die 5 Vokale in dieser Reihenfolge aus: A, E, O, U, I (ein Vokal pro Ausatmung).

- Fahren Sie mit dieser Übung 2 Minuten lang fort. Konzentrieren Sie sich dabei ausschließlich auf die Vokale und Ihre Atmung.

- Lassen Sie in Ihrem Konzentrationsbemühen nach und – immer noch in derselben Haltung – versuchen Sie, einige Momente an nichts zu denken.

Vier (ziemlich) schnelle Tricks, wie Sie Ihren Kopf schmerzlos leeren können:

1. Erstellen Sie eine Liste mit Fragen ...

Aber nicht einfach mit beliebigen Fragen, sondern solchen, auf die Sie noch nie eine Antwort hatten! Jedes nur erdenkliche Thema kann angesprochen werden: Ihre Kindheit, ein Familiengeheimnis, das Jenseits, Außerirdische, die Dampfmaschine, der Sinn des Lebens, ein Betriebsgeheimnis ... Es gibt keine Grenzen.
Schalten Sie Telefon, Handy, Fernseher, Radio und Hifi-Anlage aus. Setzen Sie sich bequem hin, nehmen Sie ein Blatt Papier zur Hand und los geht's!

Im Lauf der Fragen werden Sie Zeuge eines erstaunlichen Phänomens: einer regelrechten »Reinigung« des Geistes. Wenn Sie Ihre Psyche bitten, sie möge mit dem Ziel arbeiten, offene Fragen für Sie zu vergegenwärtigen, dann verpflichten Sie sie, Millionen Informationen, Bilder, Erinnerungen, Ereignisse Revue passieren zu lassen. Es ist eine Form der Innenschau, die neue innere Impulse bringt und es mitunter sogar ermöglicht, dass Sie Bilanz über sich selbst ziehen.

Und was fangen Sie anschließend mit dieser Liste an?
Fügen Sie diese Frage einfach
Ihrer Liste hinzu ...

2. Schreiben Sie alles auf, was Ihnen durch den Kopf geht.

Nehmen Sie sich ein Blatt Papier. Lassen Sie die Worte fließen – jedes einzelne, ohne auch nur ein einziges daran zu hindern, aufgeschrieben zu werden, und ohne zu versuchen, Ihre Ideen zu ordnen.

3. Singen Sie!

Hören Sie den Song, den Sie am liebsten haben, und singen Sie mit! Es spielt keine Rolle, ob Sie unmusikalisch sind: Konzentrieren Sie sich auf den Text des Songs. Singen Sie ihn noch einmal. Sie werden sich sofort freier und leichter fühlen.

4. Gehen Sie!

Nehmen Sie sich zwanzig Minuten Zeit, um in Ihrem Viertel spazieren zu gehen, mit festen Schritten, weder zu schnell noch zu langsam. Konzentrieren Sie sich auf Ihren Atem: Atmen Sie langsam und so tief wie möglich; entspannen Sie Ihr Zwerchfell. Betrachten Sie beim Gehen aufmerksam die Einzelheiten Ihrer Umgebung, als entdeckten Sie Ihr Viertel zum ersten Mal. Drehen Sie sich aber nicht zu viel um – lassen Sie nur den Blick schweifen.

»Auch wenn man eine Handvoll Sand
noch so sehr auspresst,
wird man kein Öl daraus gewinnen.«

Tibetisches Sprichwort

Fünf Tägliche »Zen-Einstellungen«

1. Ein(e) Freund(in) hat einen riesigen Fehler gemacht

Ergänzen Sie die fehlenden Begriffe:

So zu tun, als wären Sie ruhig, während Sie in Wirklichkeit vor Wut kochen, ist nicht .... Seinen Zorn am anderen auszulassen, ebenso wenig. Legen Sie zuerst ein paar Minuten tiefer .... ein oder machen Sie einen kleinen Spaziergang, um zu erkennen, dass Sie Zorn .... Unterscheiden Sie dabei, was Sie *haben* und was Sie *sind*. Schreiben Sie dann einen Brief an die Person, gegen die Sie .... hegen, und erklären Sie ihr den Grund für Ihren Zorn. .... Sie den Brief anschließend! Das ermöglicht Ihnen, die Situation zu klären und besser zu ...., dass Sie nicht Ihr Zorn *sind*. Sie können ihn dann gegenüber der betreffenden Person, wenn Sie sie treffen, ... und präzise .... – ohne Hass oder unterdrückte Wut.

verinnerlichen, Atmung, empfehlenswert,
äußern, empfinden, klar, Groll, verbrennen

2. Im Supermarkt ist die Kassiererin zu langsam und die Kunden vor Ihnen lassen sich Zeit

Konzentrieren Sie sich auf Ihren Atem und Ihre Körperhaltung. Schließen Sie die Augen und atmen Sie langsam, während Sie gleichzeitig Ihren Solarplexus kreisförmig mit der Handfläche massieren, um sich wieder auf sich selbst zu zentrieren. Öffnen Sie dann die Augen und blicken Sie um sich. Wenn Sie den *gegenwärtigen Moment achtsam wahrnehmen*, sehen Sie tausend Kleinigkeiten, die Ihnen normalerweise entgehen. Betrachten Sie jedes noch so kleine Detail um Sie herum, um Ihre Aufmerksamkeit zu fokussieren. Schauen Sie, wie die Leute vor Ihnen Ihre Einkäufe einpacken und sich gegenüber der Kassiererin verhalten, aber ohne zu urteilen! Und lächeln Sie (s. S. 31)! Wenn Sie an der Reihe sind, nehmen Sie sich selbst bewusst und achtsam wahr, ohne gegenüber der Kassiererin eine verächtliche Haltung einzunehmen. Sie können sogar eine unterstützende »Präsenz« sein.

3. Ich bin spät dran!

Zu welchem Treffen oder Ort Sie – allein oder mit der Familie – auch immer unterwegs sind, verfahren Sie nach einem ganz einfachen Prinzip: Gewöhnen Sie sich an, *immer* zehn Minuten zu früh aufzubrechen. Erstens erspart Ihnen das viel Stress und zweitens gibt es gute Gründe, um Geschmack daran zu finden: Sie wissen, dass Sie bei der Ankunft zehn Minuten für sich haben werden, in denen Sie an gar nichts denken oder auch über etwas nachdenken, atmen, sich beruhigen, zu sich kommen können … Probieren Sie dieses große Abenteuer wenigstens ein Mal aus und Sie werden sofort feststellen, wie sich Ihre geistige Verfassung verändert. Diese zehn Minuten zu früh sind nicht »zehn verlorene Minuten«, sondern zehn Minuten, um sich wohlzufühlen.

Kleiner Trick: Wenn Sie unter Stress stehen, sollten Sie stets einen kleinen Gegenstand bei sich haben, der Ihr Innenleben anspricht (ein Foto der Kinder oder eines Zen-Tempels …) oder gegen Stress wirkt (zwei oder drei Kastanien, einen Schlüsselanhänger …) **Es genügt,** ihn anzufassen, um unmittelbar eine psychophysiologische Reaktion der Ruhe hervorzurufen und Abstand zu der stresserfüllten Atmosphäre zu gewinnen.

Zeichnen Sie Ihr Anti-Stress-Objekt hierhin oder kleben Sie Ihr Anti-Stress-Foto hier ein.

4. Notsituation: Sie stehen vor einer Krise!

Aus der Sicht des Zen gibt es per definitionem keine »Notsituationen«: Nur das Hier und Jetzt zählt. Es sind einfach Situationen, in denen man effizient und in der Lage sein muss, die *richtigen* Gedanken und die *richtige* Absicht zu haben und das *Richtige* zu tun. Und mithin Momente, in denen man noch bewusster, klarsichtiger, präsenter, pragmatischer sein muss, aber auch mehr auf seine Intuition, seine inneren Ressourcen hören soll. Diejenigen, die solche Situationen erfolgreich bewältigen, greifen nicht auf Patentrezepte zurück, denn keine Situation gleicht der anderen. Sie sind sie selbst, und das in bestmöglicher Weise, was dazu führen kann, dass sie heroische Leistungen oder Heldentaten vollbringen … Seien Sie heldenhaft: Arbeiten Sie so regelmäßig wie möglich mit diesem Heft, damit Sie fähig sind, »Notsituationen« umzuwandeln in

INTENSIVE
SITUATIONEN

(Malen Sie diese Bezeichnung bunt aus und meditieren Sie darüber.)

5. Um mich herum sprechen alle nur vom Weltuntergang!

Stimmt, einigen Prophezeiungen zufolge bleibt uns nichts erspart von dem, was uns angeblich erwartet: Sonneneruptionen, Meteoritenhagel, Invasionen Außerirdischer, Ankunft des Planeten Nibiru, Megastürme und Zyklone, Überschwemmungen und Tsunamis, Polumkehrungen, Erdbeben, Vulkanausbrüche, Wirtschaftscrash, weltweite Hungersnot, Atomkrieg, Pandemie, Herrschaft der Neuen Weltordnung, Verlust der bürgerlichen Freiheiten … Die Weltuntergangsstimmung zu Beginn dieses Jahrhunderts kann bei manchen unbestimmte Befürchtungen, bei anderen regelrechte Angst hervorrufen.
Im Zen ist es so: Unvorhergesehenes als Manifestation der alles im Leben beherrschenden *Unbeständigkeit* zu betrachten ermöglicht zunächst, dass wir lernen loszulassen – eine unabdingbare Voraussetzung jeglichen richtigen Handelns. Überdies bietet diese Sichtweise die Chance, zu einem höher entwickelten Bewusstseinszustand vorzudringen. Fliehen Sie also nicht vor der Realität: Identifizieren Sie Ihre Ängste, benennen Sie sie. Um sie zu überwinden, schöpfen Sie Ihre Ressourcen aus sich selbst.

Listen Sie alle Eigenschaften eines »Zen-Meisters« auf, die Sie in diesem Heft entdeckt haben (schummeln Sie nicht!) und die Ihnen die Möglichkeit geben, Sie selbst zu bleiben, *achtsam* **im »Hier und Jetzt«, ruhig und gelassen, ganz gleich, unter welchen Umständen:**

•	• ....
•	• ....
•	• ....
•	• ....
•	• ....
•	• ....
•	• ....
•	• ....

»Wir müssen die Veränderung sein, die wir für die Welt wollen.«

Gandhi

Zeichnen Sie dieses Zitat mit Buntstiften und prägen Sie es sich ein:

Ein besonnener Kaiser wollte den weisesten seiner Untertanen auswählen, um ihn zum Premierminister zu machen. Nach wochenlangen sehr schwierigen Prüfungen blieben nur noch drei Konkurrenten übrig. Der Kaiser sprach sie mit ernsten Worten an:

»Hier die letzte Prüfung, die höchste Herausforderung«, sagte er. »Ihr werdet alle drei in einem fensterlosen Zimmer eingeschlossen. An der Tür wird ein sehr kompliziertes, unglaublich massives Schloss angebracht. Der Erste, der es schafft, hinauszugelangen, wird der Auserwählte sein.«

Zwei Bewerber, äußerst gelehrt und bekannt wegen ihres immensen Wissens, stürzten sich umgehend in schwierige Berechnungen, reihten endlose Zahlenfolgen aneinander, zeichneten komplexe Schemata und entwarfen hermetische Diagramme. Hin und wieder erhoben sie sich, untersuchten das Schloss mit gedankenvollem Blick und kehrten seufzend zu ihrer Arbeit zurück.

Währenddessen saß der dritte Kandidat auf einem Stuhl und tat gar nichts. Er meditierte. Plötzlich sprang er auf, ging geradewegs zur Tür, drehte am Griff, öffnete die Tür … und ging!

Kleine Taschenbibliothek der unentbehrlichen Zen-Literatur:

Lama Surya Das, *Du hast alle Zeit der Welt. Achtsam und gelassen leben in einer Welt voller Hast und Eile.* **Lotos, München 2011.**

Taisen Deshimaru, *Za-zen. Die Praxis des Zen.* **Kristkeitz, Heidelberg 2003.**

Thich Nhat Hanh, *Es gibt nichts zu tun. Die Zen-Unterweisungen des Meisters Linji.* **Edition Steinrich, Berlin 2013.**

Eugen Herrigel, *Zen in der Kunst des Bogenschießens.* **O. W. Barth, München 2010.**

Erik Pigani & Flavia Mazelin-Salvi, *Zen oder die Kunst der Entschleunigung.* **O. W. Barth, München 2007.**

Katsuki Sekida, *Zen-Training. Praxis, Methoden, Hintergründe* **(= Herder spektrum). Herder, Freiburg i. Br. ^{4}2007.**

Gary Thorp, *Zen oder die Kunst, den Mond abzustauben.* **Herder, Freiburg i. Br. 2001.**

Alan Watts, *Vom Geist des Zen.* **Insel TB, Frankfurt 2008.**

Schreiben Sie auf einen Zettel die »5 Tore zum Glück« des Zen-Buddhismus und stecken Sie ihn in Ihre Brieftasche:

- Einfachheit
- Gelassenheit
- Vertrauen
- Achtsamkeit
- Imagination